오늘은 기분 좋은 바람이 붑니다

오늘은 기분 좋은 바람이 붑니다

발행일 2025년 3월 15일

지은이 강임원
펴낸이 이지영

편 집 이지영
디자인 Design Bloom 이지은

펴낸곳 도서출판 플로라
등 록 2010년 9월 10일 제 2010-24호
주 소 경기도 파주시 회동길 325-22
전 화 02-323-9850
팩 스 02-6008-2036
메 일 flowernews24@naver.com

ISBN 979-11-90717-96-0

이 책은 저작권법에 의해 보호받는 저작물이므로 도서출판 플로라의서면 동의 없이는 복제 및 전사할 수 없습니다.

오늘은 기분 좋은 바람이 붑니다

김임원 시집

[강임원의 시 세계]

조촐한 생활과 자연 사랑하기

신 광 호
(시인, 문예비전 주간)

강임원 님이 세 번째 시집《오늘은 기분 좋은 바람이 붑니다》를 상재한다. 두 번째 시집을 내고 18년 만에 내는 시집이라 시인이 갖는 설렘과 그 감회가 남다르리라 생각된다.
강임원 님의 첫 시집은《영혼을 씻는 향기》이고, 제2시집은《사랑한다 죽도록 사랑한다》(2006.9)인데 '사랑'은 그가 매우 좋아하는 시어에 속한다. 위 시집의 발문을 적은 인연으로 이번에도 4부로 나누어 묶어진 94편의 시들을 읽어보았다. 작품들이 전반적으로 다감하고 깔끔한 제목과 내용들이라 보겠다.

표제시〈오늘은 기분 좋은 바람이 붑니다〉를 읽어보자.

오늘은 기분 좋은 바람이 붑니다. / 오늘 부는 이 바람은 하늘이 만들고 사람이 만들어 / 아버지의 아버지가 노래하고 / 어머니의 어머니가 노래하고 / 그대와 내가 노래하고 우리가 노래하는 / 사랑의 바람 노래의 바람입니다.
-중략-

오늘은 기분 좋은 바람이 붑니다. / 우리 같이 노래하는 이 바람 속에서 / 오늘을 만들어 오신 님들이 영원히 / 제 곁에. 우리 곁에 있어주시길 / 그래서 사랑과 희망의 노래를 / 함께 부를 수 있기를 바라봅니다. // 정녕 / 오늘은 기분 좋은 바람이 붑니다.
-〈오늘은 기분 좋은 바람이 붑니다〉일부

이 시편을 낭독하면서 입에서 자연스럽게 나오는 말이며 한 편의 노래라고 생각해 본다. 누구나 읽어보면 알 수 있는 한 편의 시이면서도 노래인 것이다. 강임원 님은 지역사회의 문화지킴이로써 그 역할을 힘써 감당하면서 시적인 감상을 놓지 않았다는데 우선 반갑다. 희망으로 나아가기 위해 부지런히 주어진 삶을 일구며 진실하게 반영하느라 애쓴 흔적이 보이는 작품들이다. 작품 중간중간에는 그러한 삶을 헤쳐오면서 포개진 복잡다난한 심경들을 오롯이 시라는 문학에 기대어 그 구원의 방법을 찾아가는 모습이 역력하다. 표제시만도 그렇다. 우리는 지금 어려운 시대에 살고 있다. 어찌 우리네 삶이 매냥 기분 좋은, 그래서 맑은 날만 있을 수 있겠는가. 그러나 시인은 그 모든 어둡고 칙칙한 궂은 날들을 반어적인 기법을 차용하여 '기분 좋은 바람'으로 적극적인 희망을 일구고 있는 모습을 본다. 〈아이들이 희망이다〉에서 보면 "아이들이 희망이다 / 흐린 날 아이들이 뛰면 / 해가 나고 // 더운 날 아이들이 뛰면 / 바람이 인다." 이에 강임원 님의 시편들은 정서 순화에 깊게 동참함에 기쁘게 생각한다. 작품을 읽는 내내 위로와 희망이 되며 슬기로운 독자의 입장에 서본다.

다음 시들을 감상해 보자.

지나간 시간을 / 곱씹어 보자는 것도 / 무심히 가버린 님을 / 원망하는 것도 아닌데 / 나만 혼자 남았습니다.// 시간은 흘러도 / 나는 오월을 / 보내지 않으려 합니다. / 님을 보내고 마음에 남겨진 / 흔적을 지우기 싫은 까닭입니다.
-〈혼자 남은 오월〉의 3, 4연

햇빛만 가득한 골목에 / 언제나처럼 / 걸어오던 / 네 모습이 / 애통한 오열 속에 / 잠기고 만다
-〈그 날 이후〉 끝연

나는 지금 한모금의 꽃을 마신다 / 보잘것없던 씨앗의 역사를 마신다 / 이리도 진한 향을 품기까지 / 얼마큼의 고난과 시련을 이겼을까 / 모질게 견디며 지켜온 향기를 /
-〈국화꽃 찻잔 앞에〉 3연 일부

그래 삶은 향기롭고 빛나는 순간들이 모여 / 온갖 시름을 덮고 있는 조각보 같은 것이었음을
-〈조각보〉 끝연

'무심히 가버린 님을 원망하는 것'이나 '애통한 오열 속에 잠기고', '조각보 같은', '한모금의 꽃' 등의 시구들은 소재만 다를 뿐 어쩌면 화자에게서 자연스럽게 흘러나오는 독백이나 화자 자신이 아닐까 한다. 직설적인 화법도 간혹 눈에 띄지만 곳곳에 둘러쳐진 모퉁이들에는 에둘러 표현한 시어들이 마음을 적시게 한다.

바삭이는 여린 꽃 / 향기는 작아도 / 큰 잎의 외로움보다는 / 더 깊은 애정 / 애정에 서린 그 향기 / 꽃보다 크다는 걸 // 그 가냘픈 줄기 하나로 / 세상을 산다
-〈안개꽃 사랑〉 2, 4연 일부

그저 새까만 점 하나가 / 그 보잘것없던 모양새가 / 세상을 밝히는 향기로 피어날 줄을 // 우주를 담고서도 긴 세월 / 시침 뻑 따고 있다가 / 꽃으로 열매로 새롭게 태어나게 될 줄을 //
-〈꽃의 역사〉 2, 3연 일부

자그마한 꽃 한 송이를 통하여 행해지는 자연 사랑하기와 생명 존중사상을 시인은 시적인 감성을 더하여 세밀하게 그려내고 있다. '보이지 않는다고 / 초라한 꼴이라고 / 남루한 행색이라 / 함부로 하지 마라'에서 보듯이 쉽게 지나칠 초라한 생활이지만 거대한 꽃의 역사는 아무도 모른다는 사실이다. '도시에 핀 꽃에게' 말 걸기라든지 '은행잎의 노래', '3월 초입 벚꽃', '이슬꽃', '새벽 아침 숲' 등 자연 사랑을 유감없이 느끼게 해 주고 있다.

이외에는 많은 시편들이 가족이나 친지, 이웃들에 관한 따뜻한 사랑의 시선을 던지는 시들이 많다. 고단하고 지난(至難)한 삶을 살다가신 어머니를 향해 자식이 부르는 장시(長詩)의 사모곡편들이 여럿 있으며, 아버지에 대한 굵은 추억들도 눈길을 가게 한다. 그런 부모님의 삶이 〈북어국〉에서 잘 녹아들고 있고 〈아버지의 별〉에서 보면 아버지를 그리는 시인의 마음이 별을 찾아올라가는 시구들로 잔잔히 그려지고 있다. 부모

님이 시인에게 들려주셨던 따뜻한 생각이나 말씀 같다. 진선미의 아름다운 정신이 노래가 되어 나온다고 하겠다.

시작품 중간 부분에 나오는 〈외로워서〉〈엄마〉〈동화-사계〉〈가을/중년〉 등은 자연과 함께 고향을 그리워하는 작품들이다. 고향을 잊지 않으려는 심성이며 고향을 사랑하는 사람이다. 고향은 내 과거가 있는 곳, 정이 든 곳, 마음이 쉽게 떠나지 않는 곳이라고 한다. 고향에 마음의 뿌리를 둔 사람은 그 속내가 촉촉하고 따스하다할 것이다.

끝으로 최근작이라 생각되는 두 편의 시 〈니체를 보다〉〈나무 초리를 기다리며…〉를 같이 읽고 지은이의 시의 현실감, 사랑의 말을 생각해 본다.

다시금 강임원 시인의 《오늘은 기분 좋은 바람이 붑니다》의 상재를 축하한다. 자연과 함께 자신의 삶을 적극 사랑하며, 그 사랑과 삶의 외로움들이 문학으로 치환되어 강임원 님의 시의 계절이 더욱더 빛나게 되기를 기대한다.

2025년 2월
봄빛 다가오는 창가에서

[차례]

강임원의 시 세계

조촐한 생활과 자연 사랑하기 04
-신광호

1부 Love.Parting

안개꽃 사랑 18
사랑하기에 20
흔적3 22
흔적4 23
어찌되었든 난 그대를 사랑한다 24
데쟈뷰 26
너의 존재 27
별리2 28
그대 함부로 사랑하지 말아라 29
연민 혹은 사랑? 30
선(線) 31
열망 32
아프지 말아라 34
사랑 36
예고편 37
착각 혹은 당연 38
인연 매듭 39
그렇구나 40
애틋한 그리움으로 42

2부 Memory.Future.Society

아이들이 희망이다 46
독도가 웃는다 48
그날 이후 49
그날 이후2 50
그날 이후3 52
한때 53
독도에게 54
동대문구 단상 55
잔혹 동화 56
도봉산 59
손톱 끝 반란 60
말종 62
도시에 핀 꽃에게 63
한양 도성에 기대어 64
나무는 66
탄금대에서 68
그런 일이 있을지도 모른다-악비를 생각하며- 69
산맥의 바램 70

3부 Sentimental.Oneself

9시 뉴스 74
혼자 남은 오월 75
세상 76
플로리스트 78
은행잎의 노래 80
아침 82
섬진강 달밤 83
3월 초입 벚꽃 84
이슬꽃 85
버려진 인형 86
국화꽃 찻잔 앞에 87
꽃의 역사 88
불면 89
외로워서 90
조각보 92
가을에 93
혼술1 94
혼술2 96
새벽 아침 숲 97

아차차 빈손 98
청량리 1972 100
가을 / 중년 102
재윤이 104
니체를 보다가… 106
나그네 108
나무초리를 기다리며… 109
불안신경증 110
겨울밤. 사랑. 추억-백석을 생각하며 111
세모의 길모퉁이에 112
견습농부 114
도시그림자-쓸쓸함과 허무에 대하여 116

4부 Family.Friend

오늘은 기분 좋은 바람이 붑니다 120
아버지의 별 123
원초의 모습으로 124
수의(壽衣)를 짓다 125
가신 님 126
삼우제 127
북어국 128
벽제에서 129
Amazing day… 130
아비 132
친구를 보내며 133
엄마 134
동화-사계 135
꽃 138
아가에게 140
ㅂㅇ친구 142
목련꽃 143
아부지 그리고 나 144
어머니가 건너는 망각의 강 146

고맙고 사랑합니다 148
춘양 그곳에… 149
친구야 그립다 150
당신이 있어 151
먼저 떠난 친구에게 152
목련꽃 핀 봄밤 153
울 엄마 154

에필로그-참회 또는 변명 158

1부

Love. Parting

안개꽃 사랑

커다란 송이 꽃
떨어질 때 잎잎이 내리지만
애잔한 안개꽃 질 때
마른 눈송이 되어 내린다.

바삭이는 여린 눈꽃
향기는 작아도
큰 잎의 외로움보다는
더 깊은 애정
애정에 서린 그 향기
꽃보다 크다는 걸…

마른안개
그리고
가슴 저미는
애잔함

세상의 꽃 푸른 잎에
굳은 줄기로 살아가지만
안개꽃
그 가냘픈 줄기하나로
세상을 산다.

세상의 꽃
혼자여서 아름답고

안개.
어울림의 소리로
더 큰사랑을
가슴에 품고 있다.

사랑하기에

눈을 감아도
나는 압니다

그대 오시는 걸

대나무 이파리 끝에서
자지러지는 바람소리와
그 바람에 묻어온
그대 향기는
사랑의 전령으로

한걸음 앞서 내게 와서
울렁이는 가슴을 두드립니다.

눈을 감아도
나는 압니다.

그대 오시는 걸

햇볕 부서지는 신작로 길
신기루로 피어오르고
먼지 내음 머금은
소나기 바람은
사랑의 갈증을 풀고

어느 결 내 마음 깊이 와서
두 볼에 발간빛 물 들입니다

눈을 감아도
나는 압니다.

그대 오시는 걸

그 마음과 이녁의 마음사이
사랑으로 이어진 선
말없어도 들리듯
은근짜 미소는
가슴속 희열로 들어차고

어둠 속에서도 보이듯
눈감아도 아른대는 그대 모습입니다.

흔적3

바람이 붑니다
지나는 바람결에도 그대 향기가
코끝에 맴돌아 갑니다

낙엽이 집니다
마른 나뭇잎에 우리 추억이
살아 붉은색 미소를 띕니다.

비가 내립니다
그 소리 따라 그대 사랑이
내 가슴에 고여 듭니다

바람 한 줄기
낙엽 한 닢
비 한 방울에 조차도
그대의 기억이 그대로인데
아직도 생생히 살아 숨쉬는
이 목숨에게야 물어 무엇 하겠습니까

하늘의 뜻으로
모질게 돌아선 이를
이제는 원망조차 할 수 없음에
그저 희미해지는 그 흔적이라도
미련토록 잡고 살 수 있다면
그나마 행복이겠습니다.

흔적4

이리도 그대의 흔적이 많을 줄
내 미처 알지 못 했습니다.
그저 잊으면 잊혀지는 줄로만 알았습니다.

허나 시간이 흐를수록
더욱 선명하게 드러나는
어설픈 알리바이처럼
당신의 흔적은 여전히 살아있습니다.

내가 걷는 길마다.
그대와 거닌 발자욱이 무수히 남아있고
골목마다 소곤대던 이야기가 남아있고
술잔마다 마알간 입맞춤이 남았는데

이제는 안타까운 그리움 되어
그러지 말 걸, 내 그러지 말 걸
가슴치고 후회도 해보았지만
잊으면 잊으리라던 그 흔적

내겐 죽어도 잊혀질리 없는
잔인한 상흔이 되고 맙니다.

어찌 되었든 난 그대를 사랑한다.

어찌 되었든
그대가 하나이듯
내 마음이 하나이고
내 사랑도 하나이다.
그대가 내 곁에 있든 없든
어쩌면 아직도
그대가 나를 생각하든
아니면 벌써 잊어버렸든
내 사랑은 그대에게 있다
어찌되었든
난 그대를 사랑한다

어찌 되었든
인생이 한 번뿐이듯
하늘의 해도 하나이고
하늘의 달도 하나이다
바람이 불든 비가오든
어쩌면 벌써
싫증의 싹이 터오든
아니면 사랑이 식어버렸든
내 사랑은 그대에게 있다
어찌되었든
난 그대를 사랑한다

싱거운 대중가수의 노래를 들으며
갑자기 그대가 생각나고
그대가 보고 싶어 졌습니다.
손만 뻗으면 잡힐 듯한
거리에 있을 그대지만
이토록이나 그리운 것은
내가 진실로
그대를 사랑한다는
마음의 증거겠지요

어찌 되었든
난 그대를 사랑합니다.

데쟈뷰

그렇습니다.
언제 한번은 당신을 보았습니다.
딱 지금의 모습
보일 듯 말 듯
머금은 입가의 미소
다소곳이 내려 보던 눈길
그러며 내게 던진
알 듯 모를 듯하던 그 웃음을

그렇습니다.
분명 기억에 남아있습니다.
지금 딱 그 모습으로
단아한 매무새며
한줄기 귀밑머리 슬어 올리던
백옥같은 손길
그때 내게 주던 그윽한 눈길을

지금 그대는
나를 전혀 모릅니다.
나는 분명 당신을 보았습니다.
내 몇 날 밤을 꼬박 새워서라도
그때 내게 주신
눈길을 꼬 옥
찾아내겠습니다.

이것이 우연이 아님을…

너의 존재

내게 있어
사랑 이라면 사랑이라면
너와 함께 했던
그 모든 시간들
그 아름다운
너의 웃음과
너의 모습들 뿐…

내게 있어
슬픔 이라면 슬픔이라면
네가 없는 이 시간모두
내겐 그저
캄캄한 어두움
간 날의 추억들
하얗게 부서지며
살점을 저미는 외로움만…

네가 없다는
그 하나로
나는 슬픔에 젖고
슬픔으로 호흡하는 세상은
이미 내겐 없음이라…

별리2

내가 태어났을 때의
아픈 기억을 잊어버린 것처럼
나는 너를 잊었다.

너 역시 나처럼
이 땅에 태어났고
숨 쉬며 밥 먹고
잠도 자고 일을 하고
사랑도 했을 것이다

하지만 그 모든 기억을
나는 지워버렸다.
마치 태어날 때처럼

내가 세상에
태어날 때의
일을 전혀 기억해 내지 못하는 것은
그만큼 아픔이 컸기 때문일 것이다.

이제 내게서 네가
또 너에게서 내가 떨어져나가는 일이
서로 태어날 때의 아픔처럼 남아있음에
서로가 서로를 잊은 듯 살아가는
습관 하나가
어쩌면 축복일지도 모르리라…

그대 함부로 사랑하지 말아라

사랑을 위하여 그 사람에게 보낸 화살이 어느 때 증오의 독기를 묻히고 다시 그대의 가슴에 박히고서야 그때 그대의 사랑은 차라리 적보다 못했다 가슴을 칠 것을 아직은 모르리니 그대 함부로 사랑하지 말아라.

 오직 사랑하나를 위해 제 목숨을 담보로 내어놓던 그 객기마저도 세월이 흐르고 나면 헛웃음 속에서 계면쩍은 추억이 되리니 그때 그대의 사랑은 차라리 상처로 남아 쓰리기만 할 것을 그대 함부로 사랑하지 말아라.

사랑을 가졌다고 세상 모두를 가진 것처럼 살았던 날들. 아무것도 부러울 것 없어보였던 그날들도 시간이 흐르며 햇빛에 바랜 낡은 포스터처럼 색이 날아가고 그림자마저 날아가면 그때 희미한 텍스트조차도 찾아보기 힘들어 지리니 그대 함부로 사랑하지 말아라

나는 아직도 내가 가진 사랑만큼은 온전히 남았을 거라는 최면에서 헤어나지 못하고 있다. 아니 차라리 이 믿음이 깨어지지 않기를 바라며 짐짓 모르는 척 눈감고 있는 것인지도 모른다. 어쩌면 이것이 내가 살아있음의 증거라고 하더라도 그대는 함부로 사랑하지 말아라.

사랑 때문에 서러워지고 사랑 때문에 야속해지고 그놈의 사랑 때문에 불행해졌다는 걸 알면서도 끝내 놓지 못하는 그래서 차마 아무 곳에도 가지 못하고 붙박이 돌처럼 굳어버린 이 몹쓸 미련을 그대는 아직 모르기에 그대 함부로 사랑하지 말아라.

연민 혹은 사랑?

그대를 생각하면
내 가슴엔
왜 자꾸 설움이 생기는 걸까요.
아무 생각하지 않고
누르고 눌러도
꾸역꾸역 밀고 올라오는
이 서러움

서럽다. 서럽다.
드디어 눈물로 터지고 마는
이 막막함은 또 무엇입니까?

하늘아래
어찌 이리도
지독한 인연이 있는지를 나는 모릅니다.
그 무엇에 서운함도
부족함도 모두 버렸는데

그저 가슴위로 치밀어 오르는
이 서글픔.
이 허전한 눈물의 의미는
진정무엇입니까

선(線)

내가 언제한번
그대 앞에 모진 말 한 자락
놓았던 적이 있었을까.

내가 언제한번
그대마음 서운타 하도록
까탈스러웠던 적 있었을까

어쩌면 우리는
한평생 그림자도 못보고
지나쳤을지 모를
그런 인연일 수 있었는데

어차피 알음이 된 게
서로에게 무어 그리
해악이 된다고

선에 선을 긋고
매정에 매정을 더해
돌아서서도 차가운
바람이 돌아드는
담을 쌓고 말았는가.

그 담 아래 핀 노란 민들레
나는 그마저도
민망스러워…

열 망

지기 전에
꽃이 지기 전에 보고 싶었습니다.
무심하게 흐드러진
이놈의 봄꽃이 지기 전에
꼭
보고 싶었습니다.

긴 겨울을 지내며
그리도 참아 왔던
내 열망은 알은 채도 않으시고
봄꽃은 흐드러졌는데
나는 아직도
보고픈 마음 하나입니다.

지기 전에
꽃이 지기 전에
이 눈물겹게 흐드러진
봄꽃이 지기 전에
보고 싶습니다.

정녕코 아니 그리되면
내 그리움의 비수로
멍든 가슴을 찔러
발자국 마다 떨어진
아주 지워지지 않을 선홍의 꽃을
지우고야 말겠습니다.

식기 전에 이 마음이 식기 전에
분분히 날리는 눈발 속에서도
식지 아니하고
품에 간직한 이맘이 식기 전에…

아프지 말아라.

사람은 결국 너 나 없이
고독한 존재이드라

아프지 마라
아픈 만큼 더욱 외로워지고
그만큼 서글퍼지게 된다.

내 외로움과 아픔을
조금이라도 위로받을 수 있는 건
사랑뿐이다

그것이 어떤 형태의 것이든
또 오랫동안 간직되는 사랑이든
아니면 잠시 스쳐가는
열병 같은 사랑이라 해도
어쩌면 모르핀 보다 독한
치유의 효력을 가지고 있나니

그 사랑에 중독되지만 않는다면
지금 느끼는
극심한 고독에서
커다란 위안이 되리니…

더는 아프지 않기 위해

사랑 하라
아프지 말고 사랑하라
더는 아프지 않기 위해 사랑하라.

사랑

변하기 전에
그대 마음이 변하여
아주 나를 잊기 전에
천년을 간직한 침향의 향기로
이 가슴에 맺힌
열망을 그대 앞자락에
풀어 놓아야 하겠습니다.

멈칫 멈칫
그대 곁에 다가가는
발걸음이 무겁지마는
더 이상 잊고는 살 자신이 없어
내 가슴에 들어찬
당신향한 내 온 마음을
그대에게 보내야 겠습니다.

알기는 하는지
모르는 척 하시는지
그저 나만 애가 타는 걸
세상이 왜 아름답다고 하는지
어렴풋이 알만 하기에
당신께 취해 혼미해진 나
이제야 사랑을 알아갑니다.

예고편

수술로 꿰멘 자리가
근질근질 해진다.
아물려고 그러는가
마지막 인사를 하는 건지
견디기 힘든 근지러움으로
더 이상은
아프지 않게 하려나보다

불 주사 우두를 맞으면서
더 이상 아프지 말라고
아픔을 아픔으로
미리 막는다 배웠는데
사랑에 이별에 생겨난 아픔은
두고두고
지워지지 않을 상처로만

세상을 살면서 가끔
만나기 싫을 때는
돌아서라도 갈 수 있게
예고편이 있었다면
그 아픈 사랑도 이별도
시침 뚝 따고
웃으며 보낼 수 있을 것을

착각 혹은 당연

내가 이유 없이 당신을 좋아하는 진짜 이유는
당신이 이유 없이 나를 좋아하는 진짜 이유와 같음입니다.

인연매듭

봄 하늘에 날리는
꽃잎을 보며
저 꽃잎은 어디에서
왔다가 저리 곱게 날리는가.
수 천 년 간직한 인연의 마지막 바램인가
우리사이 인연이 있었음에
당신 앞에 내가 있네요.

매듭하나 묶을 때는
그대와 내가
전생인연 이어가자
맹세를 하고 언약한 것인데
하늘도 우리를 가르지 못하기에
둘이 아닌 하나로 묶인 채
당신 앞에 내가 있네요.

나 당신을 만나기 위해
멀고먼 길을 돌아
여기까지 왔어요.
이제 더는 아픔도 슬픔도 없이
영원하자 맺은 언약
인연매듭 간직하고 살아갈래요.

그렇구나.

우연히 아주 우연히
옛 지인을 만났다.
잠시 옛 추억 몽글몽글
옴니암니 조차 생각나고
가슴도 그때로 돌아가기 위해
콩닥콩닥 뛰기 시작했다.
사십년의 세월이 한순간
무너지고 얼굴 주름사이로
그때의 그 모습이 올라왔다

겨우 새로 얻은 전화번호에
마음도 설레고
새로이 만나자는 약속에
밤잠마저 설쳤는데
정작 마주앉아
허구 많은 우리의 사연은 모두 잊고
남편얘기, 마누라얘기
아들얘기, 딸 사위얘기
거기에 절정은
손주 얘기만 테이블 위 넘쳐나더라

마지막 돌아가는 차안
나 혼자만 그때처럼 손 흔들고
그러거나 말거나
전화기에 꽂힌 그대 눈길

그렇구나.
사람의 세월 앞에선
풍경만 변한 게 아니구나.
세상만 변한 것도 아니구나.
영원히 남을 듯한
사랑의 흔적조차도 까맣게
색을 잃어버리는 구나…

그렇구나. 그런 거 였구나…

*옴니암니: 아주 자질구레 한 것.

애틋한 그리움으로

나 살다 보니
이날까지 남아있는 것은
애틋한 그리움뿐이더라
내 삶의 궤적에 얽힌
수많은 추억 중
그중 남아있는 인연과
거리 거리마다
남겨진 사연 · 사연 · 사연 ·

이만큼 살았으니
사랑을 말하지는 말자
그저 내가 만든 업보 속에
인연의 고리로 엮어진
숱한 사람의 이야기
거기에 남아있는 그림자
시간을 채우는
그리운 이름 · 이름 · 이름 ·

이제는 더 이상
아무 생각하지 말자
후회도 미련도 없이
살아온 만큼, 살아낸 만큼
욕심 없이 모두 안아주리라
그 속에 떠오르는 염원은
애틋한 그리움으로
남기고 가리라 · 가리라 · 가리라

2부

memory.Future.Society

아이들이 희망이다

아이들이 희망이다.
흐린 날 아이들이 뛰면
해가 나고

더운 날 아이들이 뛰면
바람이 인다.

슬픈 마음에 아이들을 보면
웃음이 일어나고

무망한 마음에 아이들을 보면
희망이 생긴다.

험하디 험한 세상
뼛속깊이 고달퍼도
천방지축 뛰는 아이들이
힘이 되고 약이 된다.

아이들이 희망이다
지치고 힘든 하루를
어루만지고

무너질 듯한 두 어깨위에
고사리 손으로 조물이면
찌들대로 찌든 피로를 풀어주는
약손이고 보약이다

사랑이 메마른 가슴속에도
새로운 뜨거움이 솟는

암담한 현실을 이기고
새로운 꿈을 품게하고
미래를 열망하게 만드는
강한 힘이 된다.

그래서 아이들이 희망이다…

독도가 웃는다.

그렇게 우긴다고 될 일이 아니다
역사도 모르고 진실도 외면한 채
긴 세월 침략으로 남의가슴 못박아놓고
그것도 모자라서 남의 땅을 탐내다니

아서 말아라. 헛소리 말아라.
독도가 네 것이면 내가 너의 조상이다
아서 말아라. 헛소리 말아라.
독도가 웃는구나. 어이없어 웃는구나.

할아비가 누군지 알고나 있는 게냐
너희가 어떻게 생겼는지 내력이나 아는 게냐
언제나 남의 것 뺏으려는 그 마음을
하늘로 고개 들고 부끄럽지도 않다더냐.

대명천지 밝은 세상
아직도 대동아공영의 망령을 벗지 못하고
벌판을 누비는 미개한 원숭이처럼
살육의 역사를 자랑하는 족속이라니

아서 말아라. 헛소리 말아라.
독도가 네 것이면 내가 너의 조상이다
아서 말아라. 헛소리 말아라.
독도가 웃는구나. 기가 막혀 웃는구나.

그날 이후

담장 위 라일락꽃
터질 듯 골목을 밝히는 날

어쩌면
그 모퉁이를 네가
돌아 나오리라…
금방 내게로 오리라

기다림은
눈이 시리도록 바라는
우리 빈 마음에 주는 위안

이젠 네가
이 세상에 없다는 걸 알면서도
우리에겐 버릇이 되어버린
이 기다림이
언제까지일까

햇빛만 가득한 골목에
언제나처럼
걸어오던
네 모습이
애통한 오열 속에
잠기고 만다.

그날 이후 2

오늘도
엄마는
네가 먹을 간식을 만들며
문을 열어 놓고 있다.
조금 있으면
조금만 있으면
와락
엄마를 부르며
네가 돌아오리라
현관에 올라서며
미처 신발도 벗지 못하고
가방을 던지며
'나 배고파!'를 외치며
재촉할 것을
엄마는 알고 있기 때문이다.

엄마는 오늘도
네 방 청소를 하며
널 기다리고 있다.
조금 있으면
조금만 있으면
와락
엄마를 부르며
네가 돌아오리라
아침마다 그렇듯

오늘아침도 그렇듯
네가
어질러 놓은 방에서
네가 읽던 책이며
그냥 벗어던진 옷가지를 챙긴다
잠시 후면 돌아와
'엄마 내옷!'을 외치며
재촉할 것을
엄마는 알기 때문이다.

제발 이게 그냥 꿈만이 아니길…

그날이후3-어느 날 마음이

내 가슴엔 왜 자꾸
설움이 생기는 건가요
아무생각하지 않으려
누르고 눌러도
꾸역꾸역 밀고 올라오는
이 서러움
서럽다 서럽다 드디어
눈물로 터지고 마는
이 막막함은 또 무엇입니까

하늘아래 어찌 이리도
지독한 서러움이 있는지를
나는 모르겠습니다.
무엇이 그리하는지
서운함도 노여움도
모두 버렸는데
그저 울대로 치밀어 오르는
이 서러움은

이 허전한 눈물의 의미는
진정 무엇입니까…

한때

햇살 좋은날
담장위로 얼굴을 내민
접시꽃 무리
사람들은 탄성을 질렀다.

바람에 꽃들은 흔들리고
길 위에 떨어진 접시꽃잎 하나
종내 자동차 바퀴에 밟혀 버렸다.

거기 아스팔트에 남은 꽃물
희미한 꽃의 흔적
검게 변해버린 꽃의 추억
어느새 꽃의 기억은 없다.

다만
한때 있었던 듯 희미한 이야기만
전하는 듯 잊혀 진 듯…

독도에게

밤새 치던 비바람에 얼굴을 씻고
맨 먼저 떠오르는 해를 반겨주며
늘 그 자리 우뚝 지키는 네 모습.

대양의 초입을 지키는 맘 든든한 장승
대양으로 떠나는 어부들의 희망솟대

망망대해에 떠있는 바닷새들의 친구
거센 비바람이 일면 달빛도 별빛도 쉬어가는 곳
바람친구 구름친구 길 바쁜 태양의 친구.

태초에 역사의 시련을 이기고 나가라는
하나님의 징표요 선물이다.

지금까지 그래왔듯
묵묵히 희·노·애·락을 안으로 삭여 품고
딱 거기 있음으로 더욱 빛이 나는 존재.
그래서 네 이름이 독도란다.

동대문구 단상

동대문이 없어도
여기는 동대문구다.

어느 무식한 상좌의
고정관념이었는지
아니면
장난이었는지 몰라도

동대문이 없어도
여기는 동대문구다.

그래 지금은 몰라도
한때는 도성 바로 앞 땅
가장먼저 해가 뜬 곳이
바로 여기였다.

동대문이 없어도
여기는 동대문구다.

이제는 근원도 고민도
모두 사라져 버리고
무딜 대로 무디어진
관습만 남아 이름이 된 곳

동대문이 없어도
여기는 동대문구다.

잔혹 동화

참 맑은 이 땅에
참 좋은 이 나라에
참 좋은 우리 마을에
어느 날 벼락같은
역병이 돌았다.

모두가 집안에 갇혔다
아이들은 학교에도
가지 못했다
막내는 이제 막
난생처음 입학하고
학교가 무얼까 들떠 있었는데
갈수가 없었다.

피 끓는 청춘들은
온몸이 근질거리고
마디마디 관절마다 좀이 쑤셨다

그러던 순간
모두의 얼굴 반이 사라졌다
모두가 연예인이 되었다

갑자기 관찰력이 높아졌다
얼굴의 반 눈만 보고도
우리는 인사를 하고

아는 체를 해야 했다
먼저 알아보고 인사하는
사람이 오히려 신기했다

입이 사라졌다
그런데 말은 더 많아졌다

매화가 봄을 알리던 날에도
산수유가 천지를
노오랗게 물들이던 날도
벚꽃구름이 머리위에 둥둥
떠다니던 날에도
목련이 온 동네를
가로등 처럼 비추던 날도
아카시 꽃향기 꿀처럼 머물던 날도
점점녹음이 짙어
온 산이 푸르던 날도
햇살이 있는 대로 힘자랑을 하며
바닷물을 데우는 시간에도
반쪽의 얼굴로 사랑하고
반쪽의 얼굴로 살아야했다
반쪽 얼굴에 입도 없고 코도 없이
똥그란 눈만 둥둥
거리 가득 떠돌았다.

그 사이 입이 사라진 그 사이에
환청 같은 말만 안개처럼 가득하다.

코로나는 입을 없애고
말을 만드는 역마(疫魔)였다…

도봉산

황금빛 햇살아래
한 걸음 한 걸음 발을 뗀다.
산이야 매 한가지
어디건 숨이 가쁜 건
내 허약한 가슴 때문이리.

막 비치기 시작한
아침햇살은 진리의 눈뜸이니
내 존재를 나답게
사색을 깨는 숲새소리
힘 오른 허벅지의 희열이

가파른 바위줄기
악에 받친 심장이 뛸 때
발아래 설설기는 세상
이제 나는 또 다른 세계에서
우뚝 선 나를 만나고 있다.

아무것도 없더라 도봉
그래도 모든 게 있더라 도봉
이제 너의 모습에 반한
나를 묵묵히 지켜보는
벗이 되어도 좋으리라 도봉

손톱 끝 반란

왼쪽 검지 손가락이
옆에 있는 장지손가락에
기댈 때마다 느껴지는
까실 함에
눈으로도 잘 보이지 않는데
계속 신경을 긁어대며
까슬까슬 함이 성가시다.

들여다보니 손톱 옆에
아주 작은
손 까스라기가 생겼다.

그마저 손톱으로도 잡히지 않아
결국은 기구를 들이대고
마치 큰 수술이라도 하듯
눈물을 머금고 잡아당긴다.

순간 손톱 끝에 느껴지는 통증
잠깐 비친 붉은 핏기
바늘 끝만큼도 안 돼는
이 작은 반란이
온종일 나의 정신을 산란케 하다니…

나의 무엇이 불만스러워

손톱 끝에서
불발의 반란을 일으켰는지

가만히 피맺힌 손톱을
감싸 잡는다.

말종

이 땅에 이 하늘에
아니 물속에서도
숨 쉬는 모든 생물은
자기종족과
자기 씨를 알아봅니다.

세상 보기 좋은 두 가지
내 논에 물들어가는 것
내 새끼 입에
밥 들어가는 것이라던
부모님 아직도 건재하신데

이 무슨 미물 보다 못한 짓인가
꽃으로도 때릴 수 없는
어리디 어린 것에게
이 무슨 해괴한 말종의 짓인가
고사리 손 구워서
반찬이라도 하려 했는가
여린 몸 피멍 들게 때려
제 변욕을 채우려 했는가

끌려가는 자식을 따라
단장의 울부짖음으로 죽은
원숭이 보다 못한 의부를
사람이라 여겨 주고
사람의 법으로 판결 하려는가
법을 대는 것 도 과분한 말종에게…

도시에 핀 꽃에게

어쩌다
어느 못된 인간의 욕심에
볼모로 잡혀와
거기에 심어졌는가.

온 낮을 매연에 찌들고
밤에도 전등 빛에 온전히 잠들지 못하는
그래도 어떻게든
제가 가진 향기를
나누어 주고파
심장을 짜내어 보아도
향기마저 거세당한 몸인 걸

이 삭막한 도시를 빛내려
남은 몸 안의 색소를 모두 내어놓고
새벽토록 잠 못 드는…
어쩌면 그대 한번은
돌아봐 줄까 작은 기대로
헛된 줄 알면서도
못내 버리지 못하는 그 미련을…

나는 그냥 부끄럽도록 미안할 밖에.

한양 도성에 기대어
(서울시 한양도성 시 공모전 최우수상 수상작)

성벽을 짚어가며
한발 한발 걸어간다.
아마 육백년을 이 성곽도
그렇게 하루 하루를 쌓아 왔으리
봄, 여름, 가을, 겨울을
그렇게 지켜왔음에
돌 틈에 숨어 수줍은 듯 핀
패랭이 꽃 한 송이
역사 속에 갇힌 성 돌의 피로를
위로한다.

수도 없이 박힌
세월의 눈은
사금파리처럼 빛나고
군데군데 맺힌 상처마다
핏빛으로 물든
역사의 흔적들
그래도 도성, 도성인지라
어찌 어느 하루인들
맘 편했을 수 있었으리
밤을 낮처럼 낮을 밤처럼
지켜온 그 많은 날들임에…

그저 무심히 서있어 보여도

위로는 나랏님과
아래로 저자의 백성을
지키려는 일념 하나로
오늘까지 버텼으리라
세월의 더께가
검푸른 돌이끼로 덮힌 만큼
그가 보았던 풍파도 그저
성벽깊이 품고 있을 뿐…

너 한 몸 온전히 지켜주지 못하고
군데군데 깍이고 잘리고
허물어져야 했던 날들
신작로가 날 때마다
그 불안했을 나날들
살아온 하루하루가
힘겨웠음을
가벼운 말 한마디로
위로야 될리마는
한 호흡으로 내달린 세월에
그래도 온전히 남아있는
벽돌 하나하나에
마음어린 위안을 보낸다.

오늘 하루라도 맘 편히 있기를…

나무는

나무가
우리에게 연한 잎을 내어주는 건
너와 내가 스스로
마르고 삭막하게 만든
일상을 다시 돌아보고
자신을 용서하는 용기의 순간을
가지게 함이리라.

나무가
여름 한철 짙푸른 색으로
태양을 이기고 나면
그 흔적을 잎에 간직하고
붉은 색으로 노란 색으로
온천지를 물들이고 나서야
어김없이 모든 걸 내려놓는다.

나무가 잎을 떠나보내는 것은
새로운 시련을 감당하기 위해서이다
결코 달갑지도, 반가울 리도 없는
겨울을 맞으면서도
속 으로 속 으로 얼지않을
수액을 저장함으로
새로운 봄을 준비하는 것이다.

나무가
우리에게 말하듯
우리가 우리에게
말할 자신이 생겨날 때
자각의 몸짓과
자성의 마음으로
그때야 온 세상을
온전히 사랑할 수 있으리라…

탄금대 에서

남한강 물길따라
흐르다 굽이쳐 멈춘곳
솔바람 소리에 들리는
금을 타서 탄금대

신립의 열두대는
아직도 그대로인데
충절과 용기만 이야기로 남은
애닮은 역사의 향기만

세월을 거슬러 거슬러
청동의 시대에도
삼한의 시대에도
이 땅의 중심이 되어온 곳

우륵의 거문고 소리는
숱한 전쟁과 풍파속에
아련히 지워지고
이제는 새로운 꿈을 꾸는 곳

바람에 날아오는
새로운 힘, 중원의 저력을 펼치고
역사로 남은 이야기는
새로운 희망을 이야기 한다.

그런 일이 있을지도 모른다.
-악비를 생각하며-

밤하늘 별 헤이며
옛 사를 곱씹는다.
송의 악비 장군을 보네
충절 빛나던 그 시절
한 서린 억울함
죽음으로 씌워진 모함에
하늘 아래 역사가 슬퍼하네

천 번을 칼 맞아도
친구가 될 수 없는 자
승승장구 재상이 되어도
그 이름조차 부끄러움이 되었다
짓밟힌 진실은 역사의 오점
막수유옥, 허망한 누명
"그런 일이 있을지도 모른다."

무죄추정은 누구의 법이며
유죄추정은 또 누구의 법인가
그때는 맞았고 지금은 틀린
원칙을 변칙으로 만들어가고
인간 상식을 빠져나가는 뻔뻔함은
누워 뱉은 침으로 목욕을 해도
깨우치지 못할 우매함이니…

산맥의 바램

백두의 기상속에 태어난 민족
아득한 옛날, 단군이 터를 잡은 곳
백두산 정기, 민족의 핏줄에 흐르네
천지 담긴 푸른 꿈, 하나 된 겨레의 염원
고난과 역경 속 피어난, 불굴의 의지

태백의 긍지는 역사와 함께
굽이굽이 이어진 태백산맥
역사 속 영웅들, 그 발자취 따라
의병의 함성, 독립의 외침
불의에 맞서 싸운, 용기와 지혜

소백의 포용을 배울 어울림의 터전
부드러운 능선 소백산맥
다양한 문화 꽃피어 난 땅
서로 존중하고, 함께 살아가는
조화로운 세상, 만들어가는 꿈

지리산의 고고한 울림은 자연과 인간의 조화
어머니의 품처럼 넓고 깊은 지리산
넉넉한 자연 품에 안고
산과 물 인간과 자연
하나 되어 살아가는, 아름다운 세상

한라의 열정은 미래를 향한 외침

이 땅의 남쪽 끝 우뚝 솟은 한라산
끓어오르는 용암처럼 뜨거운 열정
새로운 미래 향해 나아가는
도전과 희망 담은 우리의 꿈

하나 된 대한민국의 영원한 화합
백두에서 한라까지 이어진 산맥처럼
우리 민족 하나 되어
평화와 번영 함께 누리는
영원한 대한민국 만들어가리라

산맥의 바램은 나의 꿈 대한의 꿈
백두, 태백, 소백, 지리, 한라
모든 산과 산맥이 함께 노래하는
민족의 정체성은 화합의 꿈으로
영원히 이어지리라

보라 겨레여
이 산과 저 산줄기가
진정 바라는 것이 무엇인가를
우리가 그 염원에 무엇을 답 할 것인가
목소리를 낮추고. 온갖 폭력과 피의 역사를
끊어내고 평화를 노래해야 하지 않겠는가.

3부

Sentimental.Oneself

9시 뉴스

땡 소리와 함께

0.2g의 마약을 운반했던
피의자가 목을 매서 죽었다고 한다.
그의 인생무게는 마약 0.2g 보다 가벼웠던 것인가.
깃털보다 가벼운 무게를 이기지 못하고
세상을 버렸다.

어쩌면 지금 나는
마약보다 더 지독한 세상을
살고 있는지도 모르는데…
이놈의 삶은 마약 보다
몇 배나 강한 중독성을 가지고 있는데…
이놈의 삶은 마약보다
더 무서운 살기를 가지고 있는데…
이놈의 삶은 마약보다
무겁기는 또 얼마나 무거운데…

그 버거운 무게를 지고도
그저 묵묵히 살아서 비티고 있는데…
그러고 보면
나도
그리고 지금
함께 살아 숨 쉬는 그대도
어지간히 독한 것들인가 보다…

혼자 남은 오월

나는 아직
봄을 벗지 못하고
취해있는데
신록은 저 먼저
오월을 맞았습니다.

야속도 한 시간은
저만 흘러
저만치 내님을 데려가고
라일락 흐드러진 오월엔
나만 혼자 남았습니다.

지나간 시간을
곱씹어보자는 것도
무심히 가버린 님을
원망하는 것도 아닌데
나만 혼자 남았습니다.

시간은 흘러도
나는 오월을
보내지 않으려합니다.
님을 보내고 마음에 남겨진
흔적을 지우기 싫은 까닭입니다.

세상

나의 세상은
조그만 소주 잔 속에 담겨있다
투명함에 눈이 시릴 것 같은
그 잔속에
내가 살아가는 세상이 있다.

애써 지키려던 순수한 마음도
가슴 찌르르 흘러들어 가면
그건 그저 내 넋두리 속에나 있을
푸른 소나무 같은 존재
소주한잔에 무너지는 꼴이라니…

나의 세상은
조그만 소주잔 속에 담겨있다.
아무리 떠들어봐야 듣는 이 없이
그저 공허한
나만의 세상이 있다.

나만은 절대 외롭지 않을 거라
자만했던 시간 독이 되어
철저히 혼자라고 느끼게 하면서
점점 내속에 나를 가두며
소주한잔에 핑계를 팔아먹은…

나의 세상은
조그만 소줏잔 속에 담겨있다.
잘난 척 있는 척 아는 척 해봐야
한 순간에 망가지는
나만의 세상이 있다.

대양을 꿈꾸었던 소년은 없고
그저 작은 잔속으로 사그라 드는
중년의 왜소함을
객기하나로 버티게 하는
소주라도 없었으면…어찌…어찌…

플로리스트

잔인하다
참으로 잔인하다
가만히 두어도
예쁘기만 한 것을
그 향기 나를 유혹하기
부족함이 없는 걸
그것도 모자라
더 예쁘라 채근하는
그대 성정은
무엇인가

꺾고
다듬고
휘고
더하고
빼고

잔인하다
참으로 잔인하다
자연에서 나서
천성적으로 예쁜 것을
그대로의 아름다움도 모자라
집착을 미학이라 하고
거기 공을 들이니
또 새로운 생명이 되는

그대
아름다운 잔인녀

은행잎의 노래

이제 이별을 하려합니다.
얼굴빛은 상기되고
눈시울이 뜨거워집니다.
노랗게 노오랗게
내속에 남은 열정을 다 태웠는데
저 가지는 등을 떠밀고
바람은 길을 재촉합니다.
그대는 그 바람 속에서
울고 있고. 울고 있고…

허나 더는 서러워하지 않아도 좋을 것은
겨울이 가고 나면 다시 봄은 오고
우리는 또다시 푸르름으로
만나게 된다는 것입니다.
낙엽은 꿈속에 지고
우리의 사랑도
눈물 나도록 반가운
해후를 위하여
잠시 멀어져야 하겠습니다.

행여 내 몸이
녹슨 우체통에라도 떨어진다면
꼭 한마디 이 말만은 하렵니다.
기다리라고.
기다리라고.

야속타 바람차다 말고
기다려 달라고…

아침

아직은 희부윰한 새벽
실눈을 뜨고
어둠과 빛의 비율을 가늠해본다

무엇하나 또렷하진 않지만
 그래도 제 가진 만큼의 형태를
골 깊은 명암으로 자리 잡은 사물들
간밤 늦게 잠든 이는
아직도 꿈속에서 새근이고
낮은 숨소리 사이로
흐르는 정적에 포근한 공기가
이불 덮듯 내려앉네.

어느새 말똥해진 눈은
정신을 깨워
틈 살에 드는 빛으로 일어나란다.

전속력에 달음박질 쳐오는
아침은 괜스레 맘만 분주하고
일어나 살아야할 하루는 문밖에 있다
일어나라. 일어나라.
의식은 무지 하리 재촉해도
마음 달리 노는 몸은
어깃장 놓듯 이불속 파고들며
행복하단 맘 뿐 이네

섬진강 달밤

물소리는 지치지도 않고
가을밤 풀벌레처럼 울어대는데

한가위 내리는 달빛은
밤새 함박눈처럼 모래 벌을 덮고 있다.

3월 초입 벚꽃

이제 겨우
겨울을 털어내고 있을 뿐인데
무엇이 그리 바빠
온 세상을 하얗게
어지럼증에 들게 하는지

나는 아직
너를 맞이할
아무 준비도 못했는데

어느 새 어느새
하얀 꽃잎을 피워내
세상을 시끄럽게 만드는가…

이슬꽃

뚝. 뚝. 뚝…

슬픈 별의 전설로 밤새 흐르다
해가 뜨면 사라지는
응축된 대지의 서러운 눈물…
내게도 그런 꽃처럼 진한 눈물이 있으리라…

버려진 인형

한 때 그리도 예뻐 하더니만…

국화꽃 찻잔 앞에

가을도 지나버렸다.

나는 지금 한모금의 꽃을 마신다.
아니 한모금의 향기를 마신다
그 속에 든 숱한 날들의 더위와
그 만큼의 천둥과 무서리를
그 속에 든 잉태와 탄생 그리고 성장 이야기를
그 속에 든 우주의 이야기를 마신다.

나는 지금 한모금의 꽃을 마신다.
보잘 것 없던 씨앗의 역사를 마신다.
이리도 진한 향을 품기까지
얼마큼의 고난과 시련을 이겼을까
모질게 견디며 지켜온 향기를
나는 또 이리도 늦게야 알게 된 건가
향기는 지고
가지만 남은 마른나무

나는 한발 늦은 가을을 마신다.

꽃의 역사

누가 알았겠는가?
저것이
저리도 아름답게 피어
내 마음을 흔들고
저리도 찬란히 피어 날줄을

누가 알았겠는가?
애초에
그저 새까만 점하나가
그 보잘 것 없던 모양새가
세상을 밝히는 향기로 피어날 줄을

누가 알았겠는가?
그 속에
우주를 담고서도 긴 세월
시침 뚝 따고 있다가
꽃으로 열매로 새롭게 태어나게 될 줄을

보이지 않는다고
초라한 꼴이라고
남루한 행색이라
함부로 하지마라

혹시?

불 면

되먹지 못한
시 한 구절 움켜쥐고
밤마다 궁핍한
상념의 보리 고개를
넘나든다.

내 곤궁한 감성의
한계를…
벽에 걸린 시계는
어이 그리도 헤살 굳게 구는지…

뜬눈으로 새워봐야

백지위엔
한 줄. 점 하나 조차도
지난자국 조차 없고

어설픈 선詩人 하나
하릴없는
되 뇌임 으로
신 새벽만 재운다.

외로워서

소주 한 잔을 마셨다
세상이 흔들렸다.

사람들이 흔들렸다
온갖 것들이 흔들리며
내게 왔다가
또 가버렸다.

그들은 그렇게 흔들리며
왔다가 갔다.

왜 사람들은 그리
흔들리는 걸까
가만히 있지 못하나

그건 소주가 흔들린 거였다.

사진을 찍었다.
흐렸다.
그 흐린 사진을 보며
세상이 흐려졌다고 말했다

왜 이리 흐릴까
이 흐린 세상에서 어떻게 살아
왜 세상을 흐리게 만드는 걸까

일순 그것이
내 눈의 물기 때문임을 알았다.

세상이 아니라
내가 흔들린 거였다.
나 혼자 흐린 거였다.
나 혼자 흔들리며
외로운 거였다.

조각보

꽃이 떨어져도 아름다운 것은
그 꽃이 가진 향기의 기억 때문이리라

그대가 가고 나도 가슴에 남는 것은
그대와 가진 추억의 향기 때문이리라

지나간 인생이 아름다운 것은
살아온 삶의 하루하루 그 가치의 향기 때문이리라

별거 아니다 싶어도 지나간 삶은
순간순간이 빛나고 있었음을 이제 내게 남은
체취로 알게 되는 것을…

그래 삶은 향기롭고 빛나는 순간들이 모여
온갖 시름을 덮고 있는 조각보 같은 것이었음을…

가을에

노을이 물든 골목길에서
담장너머 물든 나무를 본다
바람이 스치 우며 잎 하나
힘없이 떨어진다.
나무의 그림자 길게 늘어지며
서러운 낙엽위에 얹혀 진다.

가을에도 향기는 있다
마른 잎조차 미세한 건조함으로
서늘한 향기를 바람에
실어 나른다.
어느 샌가 고요히 울려 퍼지는
쓸쓸한 가을의 멜로디가 하나 둘.

한 음 한 음 가을의 음표에
더해지는 낙엽의 화음은
디오니소스의 부활인양
처연하기 보다는
차라리 화려함으로 다가온다.
결국 마음을 뺏긴 채 서있다.

어느 결 노을마저 가라앉아 버리면
마른나무는 명암으로 존재하고
단풍도 잊은 듯 고요한 적막에
빠져들고 만다.
나 이제 집으로 돌아가리니
가서 내 맘껏 혼곤한 잠에 빠져보리라…

혼술1

살아가는 일이 너무도 버거워
허적 허적 대면서
한 오라기 실이라도
잡고 싶은 날이면
누구라도 마주하고
술 한 잔 걸치면
그래 조금 위안이 되련만
그마저도 허락되지 않는 날이 있어

네 명 앉고도 남을 자리
덩그러니 혼자앉아
앞자리 옆자리에
대작 할 이 없지마는
거기에 너는 몰라도
빈만큼 채워지는
나의 이야기가 있다.
온갖 시절의 또 다른 내가 있다

소주병은 빈 잔을 채우고
또 소주잔은
내 빈속을 채우고
그렇게 채우고 비우면서
내 가슴은 차오른다.
혼자 주워섬기는
파란만장 일대기가
온 주점 안을 가득 채우고 있다.

그때 들리는 음악은
혼자 마시는 술잔에 더해진
최상의 안주가 된다.

혼술2

마음이 헛헛해
하늘을 보면
거기 을씨년스런 회색구름
스산한 바람까지
훈수 두듯 몸에 감기면
소리 좋은 주점구석에
공석을 친구처럼 앉히고
한잔 청해본다.

처음 계면쩍음은
왼손 오른손이
주거니 받거니 하다
얼근한 기운이
가슴을 한 바퀴 돌면
온갖 상념을 안주삼아
북치고 장고치는
잔치판이 벌어진다.

불콰한 색감 얼굴에 번지면
아무도 말하지 않은
주도(酒道)의 끈을 잡고
잔치자리를 털고 선다
스산함 벗어던진
훈훈한 바람 볼 부비고
그래 아직 나는 살아있다
그래서 오늘을 살아간다

새벽 아침 숲

이른 아침의 숲길은
내 마음과 달리
부산스럽다
쭈뼛쭈뼛 안개가 햇살에 밀려
떠날 채비를 하고
이슬도 자리를 턴다.

까마귀 소리에
잠에서 깬 작은 벌레들
요란하게 기지개 켜고
밤사이 숨죽였던
꽃잎도 분주히
보드라운 입술을 연다.

산밤나무 아래를 지날 적
툭하고 내 앞에
작은 우주가 떨어졌다
그 작은 밤톨 속에
다람쥐의 삶과 탐욕스러운
인간의 욕심이 함께 뒹군다.

일순 숲의 고요는 사라지고
생명의 열기만 소란스럽다.
새벽. 숲이 깨어나고
나의 잠은 어느새 달아나고
숲처럼 푸른 희망에
내 심장도 다시 뛴다.

아차차 빈손

비 오는 날 아침
길을 나설 때 우산은
적어도 오늘 하루
나의 분신이 되게 해 달라
생각하고 자신에게 당부했는데
집에 돌아온 나는
어김없이 빈손 이었다.

한참을 느끼지 못하고
어느 때 어느 곳인지 조차
까맣게 잊고 있다가
현관에 들어서면서
허전하여 손을 보면
아차 싶은 것이
영락없이 또 빈손이다.

호통 같은 핀잔에
한번쯤은 그럴 수도
있겠다. 생각했지만
그게 어디 한번으로
끝나는 일이었던가
다신 그런 일 없다
다짐 하지만 또 반복에 반복

깜빡깜빡하는 일이
걱정인 것은 비단
비 오는 날의 우산 뿐 이랴
세월을 살면서 마음속
의도된 버림은 얼마였으며
놓고 온 것, 잊은 것은 얼마일까.
이제는 잊음에 관대해질 수밖에…

청량리1972

밤11시55분
보통급행 열차
거기 내 꿈도 몸도 함께 싣고
긴 밤을 가로질러
다섯 곳 도 땅을 밟으며
달려 왔었네.

세상은 어둡고 천지는 잠들어
고요한 밤을 깨고
나는 덜컹이는
밤공기를 마시며
졸듯 깨듯 새벽 한시의 초병처럼___
달리고 달렸다.

드디어 물설고 낯 설은 곳
청량리 여기다 그래.
염천의 뙤약볕 아래 호미 들고
한겨울 사랑방의 이바구에서도
언제나 꿈꾸었던
그곳 그래 서울. 청량리다.

아침은 아직 이른 시간
시린 속 달래줄 국물 한 술 없이
사람들의 틈에서 나를 찾는다.
용광로 같은 삶이 나를 기다린다.

이곳에서 나는 꿈꾸고 살리라
그 꿈을 시작 하는 곳. 청량리1972

가을/중년

버스정류장 앞
노오란 정방형
점자 보도블럭 한 칸
볼록 돌기의 숫자가 36개란 걸
알게 된 건 순전히
가을 때문이었다.
가을엔 왠지
고개를 숙이게 되고
또 왠지 생각이 많아지기 때문이다.

무엇도 의미 없는 것은 없다
중년의 남자가
특히 해저물 저녁에
마음을 다잡아야 한다는 걸
알게된 것도
역시 가을 때문이었다.
가을엔 왠지
더 쓸쓸해지고
또 서글퍼지게 되기 때문이다.

사랑이 더욱 애틋해지면
후회도 깊어지고
더 이상은 그런 감정에 있으면
안 된다는 것을 알게 된 것
역시 가을 때문이었다.

더는 외롭지 않기 위해
사랑을 하면서도
우리가 더욱 처절하게
고독해 지는 계절이기 때문이다.

재윤이

어느 날 꼬리별 끝에
점하나로 나타나
꼬무락 거리는 발자욱을
찍으며 세상에 온 너를
도담도담 자라기만 기도했다.

나비잠에 빠진 너를
우리는 신기하게 보며
어디서 놀다가 날개를 잃어버린 채
나타난 이쁜 선물이라
기뻐하고 또 고마워했다

팍팍한 세상에서 너는
우리의 가슴에 사랑과
우리의 얼굴에 웃음을 주는 천사로
모든 것을 바꾸어 주었음에
우리는 감사의 눈물을 훔쳤다.

하루 하루 너의 변화는
모두의 희망이 되고
모두의 삶에 활력의 원소가 되어
살아가는 보람을 알게 했고
매일이 그리움이 되게 했다.
우리의 기도는 아프지 말아라.
무엇으로도 바꿀 수 없음에

너는 너로서 우리에게 행복을 줌에
우리 기도는 언제나 네게
아무 시름도 없는 날들만 충만하기를…

니체를 보다가…

세상에 가장 두려운 한 가지
사랑을 하는 것이리라
내가 나를 사랑을 한다는 것
네가 너를 온전히 사랑한다는 것
마음의 문을 열고 세상을
받아들여야 하는 것이다.
순간 가슴은 가시에 찔리고
치유하기 힘든 상처가 생길 지라도

깨어지고 찢어지는 아픔.
그 고통마저 온전하게
내 것이 되는, 네 것이 되는 순간에야
우리는 진실로 사랑하게 되는 것
비로소 너와 나의 사랑은 신명을 내고
아이 되어, 초인이 되어
놀이의 바퀴에 함께 돌며
춤의 제전에 빠져들게 된다.

하늘이 열리고 인간이 있었다.
거기 네가 있고 또 내가 있었다.
우리에게 주어진 임무하나
내가 너를 사랑하고
네가 나를 사랑하는 것이다.

모순과 고통을 극복의 진실로 사랑할 때
우리의 사랑은 철학에 다다르고
우리는 사랑으로 신에게 이르는 것을…

나그네

차가운 햇볕은
메뚜기처럼 팔짝뛰어
서산에 기웃 거리고도
붉은 노을로
미련을 남기고

저녁바람은 초대장 없는
불청객 되어 옷깃에 들고
반기는 이 없는
서늘한 가슴 어디서
밤을 누일 수 있으랴

밤을 밝히는
저자거리 가로등도
제몫의 자리를 찾고 있는데
마음 둘 곳 없는 몸은
이 밤도 부평으로 남아있네

나무초리를 기다리며…

갑을 넘어 살다보니
내 삶의 나무둥치도
조금은 살도 붙고
갈라터진 굴피껍질도
더덕더덕 고집처럼 자리를 잡고
아래로 숱한 사연의 가지가
무성하게 자라난 걸…

뿐이랴 어느 한쪽가지는
결핍으로 시들어 가고
언제 떨어질지 모를
삭정이로 말라붙어 있다.
숱한 바람을 맞고 비에 젖어도
싫다 소리 못하고 지켜온 것
아직도 봄이 오길 기다리는 걸…

훈풍 부는 봄이면
가슴설레는 꽃을 피워
그대들의 희망이 되고
언감생심 바라건데
나무초리 한 가닥 다시피워
아직은 아니라고 큰소리
나 살아있음을 느껴 보고자…

*나무초리: 나뭇가지에 새로난 가느다란 줄기

불안신경증

살아가면서 무슨 걱정이
이리도 많은가
나 하나 챙기기도
바쁜 상황에
세상사 근심 걱정을
모두 안고 불안에
잠 못 이루니
이게 난치병이리라

하등 내게 일어날 리도
터무니없는 일
무심히 지나칠 일도
마음에 가지고
세상 무너질까
걱정에 또 걱정
불안한 신경증
내 가진 난치병이리라.

겨울밤. 사랑. 추억-백석을 생각하며

긴 겨울밤 달빛은 차갑게 흐르고
얼음꽃 핀 창가엔 그림자만 남네
소복이 쌓인 눈 위로 발자국 사라져
추억은 서리 되어 가슴에 내려앉네.

그대의 목소리 바람결에 들릴까
희미한 웃음이 귓가를 스치네
손끝에 머물던 온기는 이제 없지만
그대의 이름은 여전히 내 안에 있다네.

눈 내리는 소리마저 쓸쓸히 울리고
텅 빈 거리는 나의 마음을 비추네
따스한 불빛 아래 서성이던 날들
사랑의 흔적은 먼지처럼 흩어지네.

겨울밤 깊을수록 그리움이 짙어
별빛을 바라보며 혼잣말을 되뇌인다
다시금 봄이 와도 잊을 수 없으리
그대가 있었던 그 겨울의 이야기를.

세모의 길모퉁이에

덧없는 시간 속에서
기쁨이 꽃피고
슬픔이 비 내린 한 해
가슴 깊이 새겨진
추억의 조각들
후회와 미련이 맴돈다.

새로운 희망을 향해
나아가는 발걸음
번져가는 노을처럼
아름다웠던 순간들
어둠 속에서 빛나던 별들처럼
찬란했던 기억들

가슴 시린 이별의 아픔도
흐르는 시간의 물결 속에
그 빛도 바래어 가리라
후회는 과거에 묶인 발목
미련은 나를
앞으로 나가지 못하게 하는 짐일 뿐
이제 버리고 버려야 하리라.

가벼운 마음으로
신발 끈을 매고
또 다른 내일을 향해 가리라

새로운 해가 뜨면
또 새로운 길이 있으리
그때 난 더욱 빛나는
내 길을 갈테니…

견습 농부

땡볕아래 감자 꽃이 피면
호미를 다시잡고 밭고랑에 올라탄다
머리위 옥수숫대 그늘이
고마워 보기는…

한 이랑을 다매고서야
허리 한 번 펴고
거꾸로 하늘을 보면
쑥부쟁이 끝 나비 한 마리
구름을 자리삼아
한가로이 졸고

손톱 밑에 까맣게 낀 거름 때
막걸리사발 휘휘저어 마셔도
도회의 물먹고 생긴
그런 탈 한번 없어라.

아버지의 아버지가
대물려 일군 그 땅에서
아들의 아들이
또 손자의 손자가
대 물려가던 시절은
아마득한 전설이 되었고

서툰 호미질로
그나마 알량한 농부인 척
열을 내보아도
해는 중천에 진땀을 흘려도
아직 남은 고랑은 길기만 하다.

나비 졸다 날아간 자리에
뭉게구름 그림자만
사뿐히 내려 앉아있다.

도시그림자 —쓸쓸함과 허무에 대하여

밤의 도시는 외롭다
삭막한 빌딩 숲 앞에
차가운 네온사인이 빛나는 거리
혼자 걷는 발걸음은 메아리 없이 사라지고
수많은 불빛 속에 나 홀로 섬처럼 떠 있다.

소음 속 적막이 에워싼다
사람들로 북적이는 거리에
끊임없이 울려 퍼지는 소음 속에서도
나는 고요한 적막을 느낀다
마스크 뒤에 가려진 얼굴
서로에게 닿지 못하는 시선.

내 곁에 허무의 그림자가 있다
빠르게 변화하는 도시
새로운 것이 끊임없이 생겨나고 사라지는 곳
그 속에서 나는 무엇을 잃어버렸을까?
허무한 마음은 깊은 어둠 속으로 가라앉고
희미해져 가는 빛을 찾아 헤맨다.

그래도 남은 작은 위로를 위해
가로등 불빛 아래 서서 하늘을 올려다본다
별들은 멀리 있지만
나에게 희망을 속삭이는 듯하다
혼자가 아니라는 것을
언젠가는 이 고독을 극복할 수 있을 거라는 것을.

4부

Family.Friend

오늘은 기분 좋은 바람이 붑니다.

오늘은 기분 좋은 바람이 붑니다.
오늘 부는 이 바람은 하늘이 만들고 사람이 만들어
아버지의 아버지가 노래하고
어머니의 어머니가 노래하고
그대와 내가 노래하고 우리가 노래하는
사랑의 바람 노래의 바람입니다.

오늘은 기분 좋은 바람이 붑니다.
오늘 부는 이 바람은
추운 날 살을 에이는 칼바람이 아니라
비오는 날 우산을 날리는
귀찮은 바람이 아니라
더운 날 숨 막히게 땀내 나는 바람이 아니라
온화하고 향기로운
사랑의 바람 노래바람이 붑니다.

오늘은 기분 좋은 바람이 붑니다.
가만히 있어도 옷깃을 파고들어
우리의 외롭고 아픈 가슴을
힘들고 괴로운 숱한 마음들을
어둡고 더러운 세상을 조용히 어루만져주는
사랑의 바람 노래바람이 붑니다.

오늘은 기분 좋은 바람이 붑니다.
어렵고 지칠 때 기운을 주고

험한 길에 동무가 되어주고
서로를 아끼고 위하며
서럽고 애통함에 위로가 되어주는
사랑의 바람 노래바람이 붑니다.

오늘은 기분 좋은 바람이 붑니다.
언제까지나 존경할 어르신과
마음 든든히 곁을 지켜주는 형과
서로를 보듬고 사랑하는 아우들이
함께 손잡고 화음을 맞춰가는
사랑의 바람 노래바람이 붑니다.

오늘은 기분 좋은 바람이 붑니다.
이 바람 속에서 우리는 함께 자리합니다.
이 바람 속에서 우리는 하나가 되고
이 바람 속에서 우리는 영원히 사랑하여야 합니다.
이 바람 속에서 우리는 세상 끝에 울리는
노래를 불러야 합니다.

오늘은 기분 좋은 바람이 붑니다
이 바람 속에서 우리는 어제를 돌아보고
이 바람 속에서 우리는 찬란한 내일을 만들어 가야 합니다.
내가 있음에 먼저 형이 있고, 선배가 있고
어머니가 있고 어머니의 어머니가 있고
아버지가 있고 아버지의 아버지가 있습니다.

님들이 있었음에 오늘 또
이 아름다운 향연의 자리가 있습니다.

오늘은 기분 좋은 바람이 붑니다.
우리 같이 노래하는 이 바람 속에서
오늘을 만들어 오신님들이 영원히
제 곁에. 우리 곁에 있어주시길
그래서 사랑과 희망의 노래를
함께 부를 수 있기를 바라 봅니다.

정녕
오늘은 기분 좋은 바람이 붑니다.

아버지의 별

아파트 주차장에서 별을 보았다.
나즈막히 아버지를 불러보았다.
가려진 아파트의 열과
별과 나사이가 너무 멀어
아버지는 아무 말이 없다.

아무래도 내가 좀 더 다가 가야겠다
십이층으로 올라갔다.
하늘의 별은 보이지 않았고
텔레비전에서 별이 쏟아진다.

텔레비전을 끄고 베란다로 나갔다
높은 곳에 별이 떠있다.
내가 올라온 만큼
별도 아버지도 더 높이 올라가버렸다.

그냥 한숨처럼
나지막이 불러본다
하 아…
아 · 버 · 지

원초의 모습으로

우리 만날 때
아침이면 얼마나 좋으리

취했던 단잠에서 깨어
해맑은 마음으로 티끌도 없는
그 마음으로 만난다면…

우리 만날 때
아침이면 얼마나 좋으리

어둠을 뚫고 밝히는
간밤이슬에 얼굴을 씻은 여명
그 청초함으로 만난다면

그때
때 묻지 않은 시원의 모습에
아직은 아픔도
서러움도 없이
그저 투명한 웃음만
빛 속에 남으리니…

수의(壽衣)를 짓다

우리네 사는 일은
그저 수의 한 벌 짓는 것과
다를 게 없는 걸

하루 하루
우리네 삶을 만들어가는 것도
알고 보면 한 땀 한 땀
수의 한 벌 지어가는 것
그러다 또 어느 때
그 수의 다 지어지면
깔끔히 새 옷 갈아입고
다음세상 마실 가 듯
그렇게 건너가는 것

이 세상에 우리 가진 건
그저 한번쯤 우리마음에
위안과 만족을 주는 것밖에
더는 아무것도 아닌 것을

마지막 수의를 입고
영원한 땅으로 또 하늘로
돌아가는 것
그것 말고
실로 아무것도 아닌 것을
그렇게 우리는 돌아 가기위해
또 하루하루
한 땀 한 땀 수의를 짓는 것을…

가신 님

가신 님
잡자고 잡아질까
님 그린다고 있어질까
우리네 연이 여기쯤인 걸

내 가슴으로야
억만년 어우러져 살고픔에
아쉽고 허전함 무어라 하리

이제와 후회는
머리를 후려치고
온몸을 태풍으로 때리지만

어이하리. 어이하리.
생사로 갈려 찢어져버린
이승의 연을

마지막 부탁 하나
내 찾아갈 때 까지
잊지나 말고 기다려
그때우리
옛 처럼
인연이
되길…

삼우제

이제 실감을 하는가보다

황망 중에 가신 님
초우를 눈물로 채우고

마음 추슬러 겨우
님과 나 사이
이제는 함부로 오갈 수 없는
거리를 느끼며
재우를 올리고

오늘 삼우
이제는
아무런 시름도 없이
아무런 염려도 없이
혼령조차
마지막 떠나는 길

채비 단단히 하시라
당부하는 맘
님의 섭섭함과
우리네 서럽도록
그리움이 만나는 날

언젠가 다시
만나리란 마음으로
더는 서러워 말기를…

북어국

허구헌 날 취기에 절어
아침이면 냉수사발 들이키고
속 풀이 찾는 아버지께

엄마는 자근자근 두들겨
뽀오얀 국물, 시원한 북어 국이
어쩌면 사발에 냉수 뜨기보다
쉬웠을 지도 모른다.

참고 또 참고
간수 빠진 소금덩어리 마냥
울 엄마 짜디짠 속
간맞추어 끓인 국물로
맑은 속이 되고
맑은 머리가 된
아버지는 또 흐린 머리
쓰린 속 만들러 나가시면

그 뒷모습
물끄러미 바라보는
엄마 속은
녹고 녹아 새까맣게 타버렸고

어느새 북어꼬리 잡고
다듬잇돌 위에
작신 내리는 방망이질만…

벽제에서

망자의 서러움도
남은자의 그리움도
한줌의 재를 마주하고
그저 터지는 통곡으로
오열하는 곳.

운만큼 아프고
애통한 만큼의
이별이 시작되는 곳
그래서 또 다른 그리움만
채우고 돌아서는 곳

이제는 그나마
망자의 타버린 육신
한웅큼의 유골을 안고
돌아서는 산사람들…

돌아선 모습 어느새
또 다른 일상을 준비하는
거기 우리네 세상이 바라보이는 곳

Amazing day…

무심한 듯 떴다 지는 해도
정해진 길이 있고
봄꽃도 다 피는 순서가 있단다.

허나 어느 해 봄
온천지 향기가득 매화가 피는 듯…
현기증처럼 아릿한 산수유
온 산을 노오랗게 물들이더니
이내 벚꽃은 하아얀 꽃구름을 만들어
두둥실 온 천지를 덮는가 싶었는데
그것도 부족한 듯 덩달아 목련이
선뜻 등불 같은
꽃봉오리를 피워내고 말았다 .

원래 그 즈음에는
황사야 먼지야 호들갑에
나서기도 꺼렸을 터
바람은 어이 그리도 맑고 포근했는지.

처음엔 느닷없는 날씨 조화라 웅성거렸다.
두어 달 두고 피어 나야할 봄꽃들이
무어 그리 바빴는지
보름이내 모두 다투듯이 피어나더니

아니 아니
그 뒤를 따라 꽃보다 예쁜 얼굴로
천사처럼 네가 우리에게 온 것이다.

이게 우연은 아니다 싶었다.
그랬다.
너는 그 봄 모든 꽃의 정령들이
앞 다투어 보고 싶어 한
하늘의 선물이다.
네가 내게 오던 날은
그렇게 온갖 봄꽃이 인사를 하고
꽃들이 내어 논 향기로
세상이 사랑스러웠다.

아가야
네가 나와 만난 날이
바로 그런 날이었단다.
2019.4.3. 14:17

할애비는 그날을 이렇게 썼다.
Amazing day 라고…

아비

아비의 마음은 소리 없는 종이다.

온전히 자기 속을 다 비우고 나서야
좋은 소리를 낸다.

온 생을 마음에 아무 삿 스럼 없이 버리고
홀로 선다는 것이 무언지
묻고 또 물으며 살아온 세월이
아비의 시간이다.

아비의 마음은 소리 없는 종이다.

오직 좋은 소리 하나만을 위해서
속을 모두 비운 채 맞으며 소리를 낸다.

내 속에서 나는 울림을
세상에 멀리 더 멀리 날려 보내고자
그 속에 아무런 미련도 욕심도
가지지 않는다.

허나 그러고도 모자라
늘 많이 줄 수 없는 죄스러움을
가슴에 주홍글씨처럼 달고서
차마 소리조차 낼 수 없는
아비의 마음은 소리 없는 종이다.

친구를 보내며

어제 우리는 만났고
어제 우리는 술을 마셨고
어제 우리는 밤을 새워 이야기 했고
어제 우리는 가슴을 치며 함께
꺽 꺼억 울기도 했다.

오늘 나는 너를 본다
오늘 너는 환히 웃는다
오늘 너는 아무 말이 없다
오늘 네 미소가 나를 울게 한다
가슴 서걱한 아쉬움만 남았다.

비통이라는 말의 쓰임새를 몰랐다
너는 우리에게 언어의 용도를
목숨으로 가르쳐주었다.
겨우 그 한마디 의미를 위해
찬란했던 너의 생을 바쳐..

우리에게 더 이상 너의 장엄한 생은 없다
그저 남은 건 너에 대한 기억과
네가 남긴 핏덩이 같은 흔적들
우리가 함께했던 시간들
그 시간 속에 갇힌 우리 추억뿐이다.

엄마

나이 육십이 넘어도
내겐 어머니가 아니다
그냥 내 온몸에 배인 채로
아직도 엄마이다

내게 철이 없음인지 몰라도
글자 한자의 차이가
마치 둘 사이에 놓인
강처럼만 느껴져…

채 눈도 뜨지 못 한 채
젓 가슴을 찾던 때부터
닳도록 불러도
물리지 않고 좋은 이름 엄마.

찬바람이 훑고 지나는 밤이면
뼈마디 마디, 살점사이 사이
인이 박힌 아픔에
온밤을 앓고 나도

오로지 자식 몸에 바람 들까
행여나 체할까, 다칠까
그 마음 밖에는 관심도 없는
오직 한사람 울 엄마

그냥 엄마…

동화-사계

내가 초등학교에 다니던 때
그러니까 딱3학년 때
봄날어디쯤에서
어머님이 멀리
여행을 하신 날
저녁이 되고 해는 지고
나는 슬슬 배가 고파왔고
내심 청요리 라도 시켜 주리라
기대도 컸는데..
갑자기 아부지는
양은냄비에 쌀을 담아
내게 내미시며.
우리 밥 한번 해보자.
아부지의 조정에 따라
열 살짜리의 첫 밥 짓기…
그게 내 요리인생의
시작이었다.

그해 여름 한창 더울 때
그러니까. 아폴로11호가
사람을 태우고 달에 가던 그날
딱7월21일 그날에
두엄더미 옆에 풀어놓은
소 수레에 앉아
아버지와 함께 밤하늘을 보았다.

무수한 별들 사이를
아폴로가. 날아가고 있었다.
'아부지 저기 아폴로가 달나라에 간데요'
그 때 달나라가 마치 이웃나라처럼
우리에게 다가왔다.
이웃나라나 달나라나
멀고 또 갈 수 없기는
마찬가지였다.
그렇게 오래 별 빛나는
밤하늘을 본 것이 처음이었다.

아부지는 매일 기침을 하셨다.
이엉을 얹은 흙 담 옆 감나무 잎이
푸른색을 모두 잃어갈 때쯤
아부지의 얼굴에서도
서서히 핏기가 사라져 가고 있었다.
감나무 잎이 말라가듯
다리는 여위어갔고
이제는 기침조차 누워서
잔소리와 함께 뱉아 냈다.
학교가 파한 후 나는
잔소리를 피해
동무 집으로 숨어들어
해가 지기를 기다렸다.
아부지의 숨이 사그러 드는 만큼
내 불효는 점점 커지는 걸
그때는 몰랐고

그렇게 큰 불효도 처음이었다.

밤은 점점 길어지고
바람의 칼끝이 날카로워 지던
동짓달 초엿새 날
어둠을 타고 들려온 아부지의 소식
심각한 느낌은 없어도
두 볼에 눈물을 흘리며
허둥허둥 집으로 내 달렸다.
활짝 열린 대문 옆
흙 담벽 아래 개다리 소반 위
짚신 몇 컬레와 노자 엽전 사자 밥에
덜컥 숨이 내려앉고
밤새 아부지 곁에서 들리는
염꾼들의 두런거림과
삼베 찢는 소리는
내 탓인 것만 같았는데
아부지는 그렇게 동짓달
서설이 난 분분 하던 날
영구에 몸을 싣고 떠났다.
그렇게 나는 첫 번째 영이별을
알게 되었다.

평생을 혼자 읽고 또 읽어도
끝날 것 같지 않은
나의 동화에
차마 다음 이야기를 쓰지 못해
이제는 마침표를 찍는다.

꽃

하나님이 너에게
이리도 고운빛깔을 씌우고
향기로운 냄새를 더해
아름다운 자태로
세상에 보내신 건
분명 헤아리기 힘든
의미가 있음이리라
되도록 고운 것을 보고
힘이 들어도 견디며
조화로운 세계를
느끼게 하려 하셨음이라.

다르지 않은 섭리로
너를 우리에게 보내심은
너로 하여 우리가
사랑을 알게 하고
너로 하여 우리도
기적을 만들 수 있고
너로 하여 우리도 다시 나는
감격을 맛보게 함이리라
비록 바람이 불어도
그 속살의 부드러움을 느끼고
세상 속 평화를
맛보게 하려 하셨음이라.

네가 바로 꽃 이고
꽃이 바로 너임을
우리에게 알게 하심이라.

아가에게

똘망 똘망
커다란 눈은
무엇을 보고 웃는 거니
여기저기 살피는 세상은…
널 보는 내 얼굴이
보이기는 하는 거니
궁금한 게 많아 물어보면
순간 방긋 웃는 눈이
'나도 세상이 다 보여요'
대답하고 있다.

오물오물
작은 입은
배가 고프기라도 한 거니
손가락 빨아가며
흐뭇하게 입맛을 다시고
세상맛을 알기나 하듯
어느새 노래 한 소절
옹알이 아르르 아르르
짝짜꿍 장단까지
세상마냥 즐겁다 한다.

꼬물꼬물
도톰한 발가락에
가고 싶은 곳이 너무 많아

어느새 이불 밖으로
탈출을 시도하고
구름이라도 밟으려는지
사뿐사뿐 허공을 디디네
아직은 앙증맞은 작은 발
그 발아래 네 세상을
그 세상을 걸어보렴.

ㅂㅇ친구

잘 있니?
잘 있다. 한마디로
우리 서로의 안부를 끝낸다.
너와 나 사이
특별히 물어볼 말도
장황하게 늘어놓을
대답도 없다.
그래도 우리는 친구라고 한다.

얼굴을
마주해야
별로 나눌 이야기도 없다.
마주 들고 부딪는
소주잔이 대신
이야기 한다.
질문은 내 눈에 있고
그래 대답은 네 얼굴에 있다.

이슥한
밤길 따라
서로를 의지하고 비척이다
미련만 두고 횅하니
돌아서 간다.
내일이 오면
못 본 듯 다시 만나서
시침 떼고 다시친구가 된다.

목련꽃 핀 봄밤

하얀 꽃잎 펼쳐 밤하늘 가득
그 향기 봄바람에 은은히 흐르네
밤새도록 피어나는 꽃망울들
어둠 속에서도 빛나는 아름다움

고요히 내려앉은 달빛 아래
목련 가지에 맺힌 이슬
반짝이는 보석처럼 영롱히
밤의 정적을 깨우는 듯

밤새도록 피어나는 목련꽃 잎
봄의 전령인 듯
가슴 설레는 향기 가득
밤하늘 아래 서서 깊은 숨을 쉬네

밤하늘 아래서 고개를 들어
꽃잎 바라보면
따스한 눈물이 흘러내리네
문득 떠도는 어머니
어머니…

아부지 그리고 나

내가 아직 어른이 되지 못하는 이유를
조금은 알겠다.

어린 날 어쩌다
짜장면이라도 시킬 때면
울 아부지는
소주한잔 마시고
양파쪼가리 한 점 춘장에 찍어 드시며
세상 만족을 다가지셨다.

울 아부지
그 독한 제비원 소주 한잔 드시고
왕 소금 하나 입에 넣고
카! 아! 만족한 탄성을 지르셨다.

뭐가 그리도 힘들고
뭐가 그리도 만족하신지

양파는 맵고, 소금은 짜기만 한데…

울 아부지
술 한 잔을 마셔도
그저 마시진 않았으리.

맵고 짜고
암굴 같은 살림살이
언제가 빛이 있겠지
이 쓰라린 몸 땡이
털고 바로 한번 서 보겠지

눈에 어리는 새끼들
그 망울을 담으려고 마시고
또 그 망울이 힘들어 잊으려 마셨을 게다.

이제야 내가 마시는 술과
아부지가 마셨던 술이
별반 다르지 않음을
알 것도 같은데…

안주 없는 술은 마시기 싫고.
아직도 생양파가 맵고
왕소금은 짜기만 하다.

어머니가 건너는 망각의 강

지나온 세월이 너무 길어
지나온 길이 너무 멀어
이제는 모두 다 잊고 살자 하셨나요?

더 이상 새로이 가슴에 새겨둘
무엇에도 미련이 없어
바람처럼 훨훨 다 잊고 살자 하셨나요?

무에 그리 서운한 게 많아
피붙이 살붙이 남 김 없이
그에 붙은 이름 자 조차 다 잊고 살자 하시나요?

지금의 잊음은 긴 시간 담아온
마음의 병 인가요 서러움의 결정 인가요
그리하여 안으로 걸어버린 위안의 잠금인가요?

그리운 이 보고 싶은 이
그리운 얼굴들 그리운 풍경들
어이 그리 매정하게도 가슴에서 지우셨나요?

아직도 웃는 눈매엔
함께할 사람도, 사연도 많은데
그 인연들 어찌 그리 모질게 잊어버리셨나요?

험하고 서러웠던 시절도
시간이 흐르면 부질없고 색도 바래듯
그래요 이제는 아무 시름없이 잊고

마치 이 세상 처음 오신 듯
그냥 아무런 연에도 매이지 말고
허허로운 구름처럼 그렇게 살아가시길.

모른 척 시치미를 떼고 계셔도
아는 척 친한 척 그건 우리 몫입니다.
그래도 그래도 오래오래 살아만 주세요. 부디…

고맙고 사랑합니다.

피붙이가 있어도
오로지 세상에 혼자라 느낄 때

그대 곁에 내가 있으니
힘을 내고 살아요

당신이 얼마나 소중한사람인지
미쳐 나는 알지 못했음을

나는 여전히 미련하고
아둔한 존재라는 걸

시련에 빠진 내게 용기를 주고
상처받은 이 세상에 사랑을 준 오직한사람.

모두가 떠나가도
내 곁에 남아 살아있는 의미를 알게 해 준사람

당신은 영원한 나의 안식처
영원한 나의 사랑아

당신이 얼마나 아름다운사람인지
예전엔 나는 몰랐네

춘양 그곳에…

태백산 높이 푸른 숲 우거져
낙동강 흐름 고요히 잠드네
솔향기 따라 새벽달 비추면
천년의 이야기가 숲속에 숨네.

옛길을 따라 한양의 꿈 싣고
춘양목 져 올리던 땀의 땅
푸른 솔 아래 사람들 어우러져
정겨운 이야기 소리 가득 하던 곳.

강가의 학교 자연과 하나 된 곳
백두대간 품에 아이들 자라고
뜨거운 가슴 속에 꿈을 간직한 곳
이제는 세월의 흐름속에 빛이 바랜다.

가을 들녘에 은은히 물든 빛
마른 솔내와 단풍 바람결 속삭임
나 여기 정취를 안주 삼아 술 한잔이면
마음은 평화롭고 고요함에 젖으리.

친구야 그립다

들꽃 향기 속 뛰놀던 그 날들
해맑은 웃음 하늘에 퍼지네
좁다란 골목길 발자국 가득해
소중한 추억이 가슴에 새겨있다.

까만 몸둥이 강가에서 물장구 치고
작은 돌 멀리 던지며 커다란 꿈 꾸었네
그날의 바람이 얼굴을 스치니
어린 날 친구가 더욱더 그리워.

비 오는 날 교실은 우리 놀이터
꾸지람도 잊은채 장난만 가득해
우리만의 이야기 웃음꽃으로 채우고
시간도 모르게 하루를 보냈네.

가을 들녘에서 연 날리던 추억
높아진 하늘에 소원도 담았지
친구의 눈빛은 나와 닮아있어
그날의 모습이 아직도 선하네.

시간의 강물이 멀리로 흘러도
추억의 다리는 끊어지지 않네
다시금 만나면 웃으며 외치리
그리운 이름들 아직도 빛이 난다고.

당신이 있어

길 위의 바람도 너의 향기를 실어오고
창밖의 달빛도 너의 눈빛을 닮았네
하루의 끝에서 손을 잡아줄 사람
당신이라서 나는 고단함조차 고맙다.

작은 웃음 속에 세상이 물들고
그대 한마디에 마음이 따스히 덮히네
함께한 시간은 그림자처럼 길어도
내겐 언제나 첫날의 설렘이 가득한데.

어려운 골짜기 함께 걸었던 날
그대의 사랑이 나를 다시 일으켰으니
슬픔도 기쁨도 그대와의 길이라면
그 어떤 풍경이어도 내겐 소중하다.

봄날의 꽃처럼 피어나던 그대여
세월의 강물이 흐를수록 빛나리
이 삶의 끝에서도 손을 놓지 않고
사랑의 이름으로 그대를 부르리라.

먼저 떠난 친구에게

먼 산 위 바람은 너의 이름을 부르고
들꽃은 고개 숙여 너를 향해 운다네
우리의 이야기는 아직 남았건만
너는 왜 홀로 저 먼 길을 택했을까.

어릴 적 손잡고 걷던 그 골목길
웃음과 꿈은 멀리서 메아리치고
이제는 기억 속에서만 만날 너
내 마음 깊은 곳에 영원히 머물리라.

밤하늘 별빛이 네 숨결 같아서
잠든 새벽에도 눈물이 흐르네
말없이 남긴 네 빈자리 앞에서
어찌 이 슬픔을 감당할 수 있으랴.

너 없는 세상은 낯설고 허전해
바람결에 햇살속에 네이름 불러 보네.
언젠가 다시 만날 그날을 기약하며
이 눈물, 친구 있는 그곳에 띄워 본다.

목련꽃 핀 봄밤

하얀 꽃잎 펼쳐 밤하늘 가득
그 향기 봄바람에 은은히 흐르네
밤새도록 피어나는 꽃망울들
어둠 속에서도 빛나는 아름다움

고요히 내려앉은 달빛 아래
목련 가지에 맺힌 이슬
반짝이는 보석처럼 영롱히
밤의 정적을 깨우는 듯

밤새도록 피어나는 목련꽃 잎
봄의 전령인 듯
가슴 설레는 향기 가득
밤하늘 아래 서서 깊은 숨을 쉬네

밤하늘 아래서 고개를 들어
꽃잎 바라보면
따스한 눈물이 흘러내리네
문득 떠도는 어머니
어머니…

울 엄마

대동아 전쟁 말
정신대 공출 피해

겨우 아홉 살.
입양도 몸종도 아닌
민며느리로 와서

시할머니. 시어머니
게다가 나이 차이 많은
손위동서 시집살이
왜 하는지도
왜 해야 하는지도 모른 채
남 의 집살이
눈물로 지새운 숱한 날들

보고픈 엄마. 그리운 식구들
생각할 겨를도 없이
추운 겨울 관사골 우물가
물을 이고 날랐다.

울 엄마 꽃다운 나이는
어디에 있었나?
정녕 있기나 했던 걸까?
어린 나이
아이가 아이를 낳던 시절에

아이 셋 안았어도
먼저 가슴에 묻은 꽃 같은 딸아이
이것도 내 죄 일런가 하여
서러운 울음한번 내뱉지 못하고
아이얼굴 그려볼 새도 없이 보낸
황망한 세월

눈물도 마르지 않은 채
민며느리 시집살이 시절
이고 다닌 물동이에 눌려버린 고질병
뇌신으로 달래고
밤을 낮 삼아
졸린 눈 감으며 돌린 미싱 바늘에
찍힌 손톱이며, 흘린 피는
진통제 보다는 살아야 함이 더욱 절실했다.

한겨울 검은 땅에 남편 묻고
함박눈 봉분 쌓고
어이 살거나, 어이 살거나
강물에 뜬 부평초처럼
흘러, 흘러. 흐른 대로 가다
이제는 어디서 왔는지 조차
아득한데
어디로 가는지도 알 수 없어.

울 엄마 가슴엔
무엇이 남았을까.
지지리 고생한 엄마에게
어느 순간 찾아온 인생의 지우개…
마치 아무 일도 없었던 듯
엄마가 알던
기억도 추억도 모두 없애버리길…
이젠 아무런 시름도 없이
혼잣말이라도
아! 행복했다고 기억해주시길…

나도 시침 뚝 따고
울 엄마는 고생 한번 없이 평생
곱게 사셨다고 얘기하리라…
어처구니 없는 거짓말…
어쩌면
엄마에게도 나에게도
이 세상 마지막
가장 큰 위안의 말이 되리라…

[에필로그]

참회 또는 변명

두 번째 시집을 발표하고 어느새 18년이라는 시간이 흘렀습니다. 마치 꿈결 같기도 하고, 어쩌면 남의 일처럼 느껴지기도 합니다.
두 번째 시집을 세상에 내놓았던 그때, 저는 설렘과 떨림으로 가슴이 벅찼습니다. 그리고 지금, 세 번째 시집을 출간하며 다시 한번 그때의 감동을 느껴 보고 싶습니다.
짧지 않은 시간 정말 쉼 없이 달려온 시간들이었습니다. 어느 한순간도 놓치고 싶지 않은 순간들입니다. 하지만 쉽지 않게 살아온 시간들이었기에 이제는 그 시간의 굴레에서 벗어나 버리고 싶다는 생각을 했습니다. 어느새 머리에 하얀 서리가 내렸고 또 나의 역사를 기억할 아이들이 생겼습니다.
그동안 저는 끊임없이 글을 쓰고, 또 쓰면서 시의 변방을 떠돌았습니다. 그럼에도 항시 시는 내 동경의 대상으로 있었고 또 그만큼 초조하고 조바심 속에서 세월을 보내야 했습니다.
나의 게으름으로 인하여 그동안 내 안의 시는 정체되고 때론 좌절하기도 하였습니다.
나는 왜 선뜻 시에게 가지를 못했을까요…
시로써 세상을 바라보고 시로써 기뻐하고 시로써 슬퍼하고 시로써 오감을 표해내리라 마음먹었던 적이 있었습니다. 그리고 시로써 자신을 성찰해야 한다고 믿었습니다.
하지만 세상은 아니었습니다. 전혀 정의롭지도 못하고, 잠시도 그런 감상에 빠져들 틈을 허락하지 않았습니다.

아직 생이 다하지 않았음에 많은 이야기를 하지는 말아야 하겠습니다.
문신처럼 내 안에 박혀있는 불안을 천형으로 알고 살아가기에는 아직도 시간이 남아있음입니다.
세상에는 원망과 미움만이 아니라 고마움과 사랑이 더 많이 존재한다는 사실을 받아들이기로 했습니다.
아무리 생각해도 정말 열심히 살았는데, 게으른 것도 아닌데 너무 큰 간격을 만들고 말았습니다. 이것이 내게 주어진 변명이자 참회의 이유가 될 것입니다.
마지막까지 놓을 수 없는 한 가지는 내가 말할 수 있는 유일한 언어는 시라는 사실이며 이를 말하지 못하는 나는 실어증 환자였습니다.
이제는 환자의 옷을 벗고 다시 서고 싶습니다. 해서 용기를 내었습니다.
고마운 사람들의 얼굴이 떠오릅니다. 인연을 되짚어 생각해보니 누구 하나 지금의 나와 어떻게든 개연성이 있는 이들이고, 또 그 때문에 아직 내가 살아있음을 알게 하는 이들입니다. 모두에게 고맙다는 말을 올리고 싶습니다.
다시 한번 시인으로 살게 해준 많은 이들의 은혜는 열심히 시를 쓰는 것으로 갚아가야 하겠습니다. 이 작은 한 권의 책이 위로와 희망과 따뜻함을 주고 또 피곤한 이에게 달콤한 잠을 전달해 주는 매개가 되길 바랍니다. 도움주신 신광호 선생님과 김주안 선생님께 큰 감사를 전합니다. 재윤이, 해준이 사랑한다.

감사합니다.
2025. 2.
강임원 삼가 올림

For. 현주에게